$Lb\ ^{49}_{166}.$

DES VOLS POLITIQUES,

ou

DES PROSCRIPTIONS, DES CONFISCATIONS,

DES

SPOLIATIONS FAITES PAR LES USURPATEURS ET LES REBELLES,

DURANT LE RENVERSEMENT DU GOUVERNEMENT ET DE L'AUTORITÉ LÉGITIME ET L'ENVAHISSEMENT DE LA SOUVERAINETÉ.

FRAGMENS HISTORIQUES, MAXIMES, PENSÉES DIVERSES, MORALES ET POLITIQUES, TIRÉES DE DIFFÉRENS AUTEURS TANT ANCIENS QUE MODERNES.

> « Tot nos præceptoribus, tot exemplis instruxit
> » antiquitas, ut possit videri nulla sorte nascendi
> » felicior ætas quam nostra, cui edocendæ priores
> » elaboraverunt »   QUINTILIANUS.

PARIS,

DE L'IMPRIMERIE D'ÉVERAT, RUE DU CADRAN N° 16.

1825.

« L'article 9 de la Charte, qui consacre l'inviolabilité des
» propriétés, n'établit pas un principe nouveau ; il ne fait que
» répéter ce qui était et ne saurait cesser d'être, pour affirmer
» les ventes nationales, avec acquiescement à leur aliénation
» pour cause d'ordre : aussi il est à remarquer que l'article 10
» qui le suit, s'empresse d'ajouter la faculté d'indemniser de leur
» cession pour cause d'utilité publique. D'après cela, la propriété
» de l'émigré était donc inviolable ; elle n'a pu être violée que
» dans un temps de désordre ; et sa spoliation confirmée, ne peut
» l'être que moyennant une indemnité...... Et d'autre part, l'ac-
» quéreur étant aussi, comme citoyen, passible de la nécessité de
» céder ce qu'il possède, pour cause de la même utilité publique,
» le gouvernement, chargé d'indemniser, est libre de choisir en-
» tre les deux citoyens lequel il lui est plus facile, plus convena-
» ble et moins coûteux de dédommager : c'est ce qu'on ne peut
» raisonnablement contester. En deux mots, que doit on à l'émi-
» gré ? Sa propriété, ou la valeur entière de cette propriété, si
» elle se trouve aux mains d'un tiers. Que doit-on à l'acquéreur de
» biens d'émigrés ? Le maintien de ses droits, suivant la promesse
» du Roi, ou l'indemnité de *sa perte*, si, pour le bien public, on
» détruit l'effet de son contrat...... Des spoliations ont eu lieu ;
» pour en réparer les effets désastreux, auquel doit-on payer ? le
» bon sens répond : à celui à qui l'on devra judicieusement le
» moins, et dont le règlement d'intérêt sera non-seulement, en
» résultat, moins pesant pour l'état, mais de meilleur exemple en
» morale (*). »

(*) Lettres à un ami, Député de département, sur la question d'indemnité aux émigrés, *page* 20.

IMPORTANCE DE L'HISTOIRE
POUR GOUVERNER LES ÉTATS.

Respect du a la sagesse et aux leçons de l'antiquité.

« Interrogez les races passées : consultez avec soin les histoires de nos pères. *Job.* Ne dites point, d'où vient que les premiers temps ont été meilleurs que ceux d'aujourd'hui? car cette demande n'est pas sage. *Ecclesiaste.* Le sage aura soin de rechercher la sagesse de tous les anciens, et il en fera son étude. *Ecclésiastique.* Consultez les siècles anciens, considérez ce qui s'est passé dans la suite de toutes les races : interrogez vos aïeux et ils vous instruiront. *Cantique de Moïse.* Que l'on se souvienne des faits mémorables, afin que le gouvernement des hommes mortels, conduit par l'expérience et les exemples des choses passées, ait des conseils immortels. *Bossuet.* Il n'y a rien de meilleur que les choses éprouvées. *Le même.* N'écoutez pas les vains et infinis raisonnemens qui ne sont pas fondés sur l'expérience. Il n'y a que le passé qui puisse vous apprendre et vous garantir l'avenir. *Le même.* Qu'est-ce qui sera? ce qui a été.... Qu'est-ce qui a été fait? ce qu'on fera. *Ecclésiastique.* Il est bien important de consulter l'histoire. *Aristote.* L'histoire des événemens passés est fort utile dans les affaires d'état et dans les délibérations sur les intérêts publics. *Le même.* Ne refusez de consulter l'histoire; car vous trouverez là sans peine ce que les autres ont recueilli avec tant de peine. Avis de *l'Empereur Basile.* Dans tous les temps les mêmes désordres se sont manifestés,... de sorte que, pour qui veut examiner soigneusement les événemens passés, il est aisé de prévoir, dans tous les Etats, ce qui doit arriver, et y apporter les mêmes remèdes que les anciens y ont appliqués. Les hommes instruits disent avec raison, et non pas légèrement et au hasard, que quiconque veut prévoir ce qui arrivera n'a qu'à observer ce qui est arrivé ; car toutes les choses du monde et à toutes époques, se retrouvent dans les siècles passés. *Discours de Machiavel.* Alfonse le sage, Roi de Sicile, disait que les morts étaient les meilleurs conseillers. L'expérience du passé est la mère de l'avenir. *Thucydide.* Horace même, ce poète aimable, qui sous les fleurs cache de si grandes vérités, de si sages leçons, dit que l'histoire, par les faits qu'elle rapporte

« . . . . *Orientia tempora notis*
» *Instruit exemplis. . . . .* »

enseigne ce qui fut funeste et ce qu'il faut éviter, ce qui fut avantageux et qu'il faut imiter. L'histoire est la politique expérimentale. *Le comte de Maistre.* Les nations courent orgueilleusement à leur perte par le mépris de l'expérience. » *Ch. Nodier.*

Dans son plus admirable ouvrage, dans celui qu'il composa pour l'instruction de ses enfans, Cicéron leur dit : « Non-seulement pendant leur vie et en personne, mais encore après leur mort, par les monumens littéraires qu'ils laissent, les savans instruisent ceux qui veulent apprendre : en effet, ils n'ont rien oublié sur ce qui regarde les lois, les mœurs, les gouvernemens ; en sorte qu'ils semblent avoir rapporté leur loisir à nos temps.... Nous mêmes, mes fils, si nous avons apporté quelques talens et quelques lumières dans les emplois de la république, nous en avons été redevables aux leçons de ces doctes auteurs.

A l'époque de la grave question qui vient de s'ouvrir, quand le sort du présent et les destinées de l'avenir s'agitent et sont mis en délibération; quand les malheurs d'une génération encore existante menacent les générations futures de semblables désastres, j'ai cru qu'il était du devoir de tout sujet fidèle et zélé, de présenter les idées qu'il pense pouvoir offrir quelque utilité. Ce ne sont pas les miennes que je prends la liberté de présenter ; aussi le fais-je avec plus de confiance, en disant à ce sujet ce que Salluste écrivait à César. « *L'importance de la chose invite également ceux qui ont de grandes lumières et ceux qui n'en ont que de médiocres à vous proposer les meilleures vues qu'ils pourront... Mais pour vous mettre en état deprendre le parti le meilleur et le plus aisé, voici en peu de mots ce qui me vient en pensée* ».

Les meilleurs esprits, les auteurs les plus éclairés et les plus célèbres, ces hommes dont les paroles, du consentement de tous les siècles, sont devenues des axiomes et des oracles, des leçons de sagesse pour gouverner les états, pour y maintenir la paix et la prospérité, y faire régner la vertu, contenir les sujets dans le devoir ou les y ramener, prévenir les révoltes ou les comprimer ; pour réparer les desastres qu'elles ont causés, et en faire disparaître les douloureuses traces ; ces excellens esprits, ces hommes célèbres, dis-je, recommandent l'étude de l'histoire à ceux que la divine Providence charge du gouvernement des Etats, et à qui elle confie le soin du repos et du bonheur de leurs semblables.

Je commencerai, et je ne puis débuter plus solennellement, avec un avantage plus certain et plus imposant, par apporter les graves autorités, les infaillibles autorités qu'offre Cicéron ; et ces citations pourraient me dispenser d'en chercher chez d'autres auteurs. Oh ! nobles pairs, honorables députés, si ce grand homme d'état, si le sauveur de Rome, si le consul proclamé *Père de la Patrie*, et dont la voix terrible effraya Catilina, força Verrès à chercher son salut dans la fuite, à se réfugier dans un bannissement volontaire pour se soustraire à la peine qui l'attendait, si Cicéron paraissait au milieu de vos assemblées, oh ! croyez l'entendre s'écriant : Pesez avec une profonde et lente prudence l'arrêt que vous devez prononcer ; s'il vous disait : Vous allez peut-être, *voulant fermer la plaie, y verser du poison*. Tremblez : au lieu de cicatriser cette plaie, qu'un Roi si bon vous appelle à guérir, de l'envenimer encore et de la rendre incurable. Vos neveux vous implorent, vos descendans vous conjurent d'éloigner d'eux les calamités dont vos contemporains ont été les déplorables victimes. Loyaux sujets du Roi, bons Français, nobles pairs, honorables députés, ne précipitez pas la sentence que vous allez porter : écoutez Cicéron ; écoutez en frémissant les terribles prédictions de ce grand homme.

Je ne rapporterai pas ici la longue série chronologique et non interrompue de restitutions de biens confisqués pendant les révoltes et par les usurpateurs, et ordonnées par le légitime souverain, après avoir reconquis ses états et repris son autorité. L'histoire ancienne et moderne, et celle du moyen âge, en offrent constamment des exemples trop multipliés, pour que j'en fatigue le lecteur. Je me bornerai donc à rappeler que Démosthènes, Eschines et Androcides nous apprennent que déjà, et cinq cents ans avant Jésus-Christ, dans les troubles d'Athènes et les différentes révolutions de son gouvernement, tout ce que les usurpateurs ont ordonné ou fait ordonner fut annulé.... Les lois, les actes publics ou privés des trente tyrans furent abrogés. Passant rapidement de cette époque si loin de notre temps, nous verrons que les biens confisqués sur les partisans des Stuarts, lors de la révolte de l'Ecosse et de l'inutile tentative de l'infortuné prince Charles en 1745, leur ont été rendus quand le calme a été rétabli dans ce pays. Ces propriétés ont été restituées par un acte du parlement en l'an 1784 ; ainsi, pendant vingt-quatre siècles, on n'aperçoit qu'une seule lacune, il ne se trouve qu'une seule exception à cette règle si invariablement suivie ; une seule fois justice n'a pas été rendue. Cet exemple unique, ce dangereux exemple donné, *cette exception* enfin *confirme la regle;* elle devient un puissant argument, un argument sans réplique en faveur de la cause de la fidélité malheureuse et de ses longues souffrances ; elle a fourni à Cicéron les admirables et si justes observations qui semblent faites pour notre époque ; elles embrassent à-la-fois les intérêts bien entendus de l'Etat, et ceux d'une noble infortune qui n'a pas eté méritée.

« Je crois qu'il n'est point de loi plus inique, qui ait moins le saint caractère de loi, que celle que, durant l'interrègne, L. Flaccus fit, et qui ratifia tous les *actes* de Sylla. *Lex agraria*..... Que nous sommes méprisables! Quoi! nous détestons l'auteur, et nous nous constituons les défenseurs de ses *actes* (1). *Ep. ad Atticum*... Ainsi par cette loi, le droit civil, celui de propriété, les titres de possession, les jugemens des Préteurs sont anéantis.... *Lex agraria.* Si ces champs arrachés aux propriétaires obtenaient quelque apparence de droit, s'ils étaient jamais et le moindrement assimilés aux propriétés légitimes, enfin si les ravisseurs pouvaient concevoir l'espérance d'une possession pérpétuelle, il n'est aucun de ces spoliateurs qui eût assez d'impudence pour penser que c'est avec justice qu'on en agit ainsi envers lui. *Lex agraria.* Rien de ce qui fut établi par la force ne doit jamais être ratifié..... Si, par la force, vous avez arraché quelque chose, sera-ce donc une loi?... et peut-on regarder comme bien établi un droit, quand il est constant qu'il ne le fut que par la violence? *Cicero, pro domo*.... Est-il rien de plus insensé que de regarder comme juste tout ce qui fut établi par quelque institution ou par quelques lois, fût-ce même celles imposées par des usurpateurs? Si les trente tyrans eussent voulu ces lois à Athènes, ou si les Athéniens eussent été satisfaits de ces lois tyranniques, faudrait-il pour cela les regarder comme justes?.... *Cicero, de Legibus.* Non! et certainement elles ne l'eussent pas été davan-

---

(1) Une chose à remarquer, c'est que Cicéron dit les *actes* et non pas les lois de Sylla; tandis qu'en France, après onze ans d'une heureuse restauration, sous le gouvernement du Roi, les *actes* les plus iniques, les plus tyranniques, les plus désastreux de toutes les usurpations, depuis celle de l'assemblée dite constituante jusques à celle de l'empire, sont encore, et tous les jours, appelés des lois.

tage que celle qui fut portée dans l'interrègne, et qui permettait au Dictateur de mettre à mort tout citoyen qu'il voudrait, et même sans l'entendre et sans jugement. *Idem.* Les lois sont établies pour affermir les États, leur donner de la force, assurer leur durée, et pour rendre les peuples meilleurs;... pour procurer le salut des citoyens, maintenir la tranquilité publique, faire régner la paix parmi les hommes et procurer leur bonheur..... Si les ordonnances portées par les peuples, si les décrets des Princes et les sentences des Juges suffisaient pour constituer le droit et la justice, alors le vol et le brigandage, la prostitution et l'adultère deviendraient permis, seraient autorisés par les décisions des peuples et par les lois émanées de la multitude : ainsi donc, des décrets rendus par des hommes en démence auraient le pouvoir de changer la nature des choses! Pourquoi, par leur sanction, ne prononceraient-ils pas que ce qui est pernicieux et mauvais doit, à l'avenir, être reçu comme salutaire et bon.... *De Legibus.* De semblables ordonnances, de pareils réglemens, imposés aux peuples, ne méritent pas plus le nom sacré de lois que s'ils avaient été enfantés par des brigands assemblés dans leurs repaires.... Les lois, les établissemens, fruits de séditions, sont nés pour engendrer de nouvelles révoltes. » *De Legibus.* (1)

« Était-ce donc alors l'État, *la Cité*, quand les lois étaient sans force, quand la justice était détruite, quand les mœurs antiques avaient péri, quand les Magistrats étaient arrachés violemment de leur siéges et périssaient par le fer des assassins; existait-il alors un Gouvernement légitime ?.... Ce ramas de brigands, reste impur de la conjuration de Catilina, n'était pas l'État; qu'est-ce donc que l'État? Sera-t-il une tourbe d'hommes féroces et sans frein? L'Etat sera-t-il donc une

---

(1) Il est manifeste que les lois furent inventées pour prévenir l'injustice ou pour la repousser : « *Jura inventa metu injusti fateare necesse est.* » *Horace.* Ont-elles donc pu la sanctionner, ou même la commander.

multitude de voleurs assemblés dans le même lieu ? Non, vous n'oserez le prétendre ». *Ciceronis Paradoxa.*

» Quand les riches seront dépouillés, et chassés de leurs antiques propriétés, alors les hommes sages jugeront que la république sera privée de ses défenseurs. *Cicer. pro Sextio.* Cette sage et prévoyante crainte inspira à Cicéron cette éloquente apostrophe qu'il adressa à la jeunesse romaine : « C'est ce qui me fait vous donner ce conseil, et que j'ose, en mon nom, de mon autorité privée, vous ordonner, jeunes Romains, qui aimez la république, qui respectez votre dignité, et qui ambitionnez la gloire, si jamais la nécessité vous appelle à défendre l'État contre les entreprises coupables des mauvais citoyens, de n'y pas mettre de tiédeur, et que le souvenir de ce que j'ai souffert ne vous éloigne pas des résolutions courageuses. » *Cicér. pro Sextio* (1).

---

(1) La maison de Cicéron à Rome, avait, pendant son exil été confisquée. Clodius l'avait consacrée à la Liberté, et l'avait affectée au temple de cette déesse. Rendu à sa patrie, Cicéron réclama sa maison, et demanda qu'elle lui fût restituée. Dans l'admirable plaidoyer qu'à cette occasion il prononça devant le Sénat, Cicéron, par un beau mouvement oratoire, dit avec chaleur : « Si l'on ne me rend point ma maison,... elle deviendra un monument par lequel mon ennemi tirera gloire de ma douleur, de son crime et du malheur public ; en ce cas, qui peut douter que mon retour ne devienne pour moi un supplice éternel ?.... En ce cas, il faut que je me retire en tout autre lieu du monde, plutôt que d'habiter une ville où sans cesse j'aurai devant les yeux les trophées d'une victoire remportée sur l'état et sur moi. » La maison fut rendue. Cependant Cicéron, outre sa maison de Rome et sa maison paternelle d'Arpinum, avait encore ses magnifiques maisons d'Astura, de Tusculum, de Pouzzols, de Cumes et de l'Académie. Il se disposait aussi à en faire bâtir deux autres sur les bords du Tibre. Mais l'émigré, qui, depuis 33 longues années, est privé de ses propriétés et languit dans la misère, l'émigré qui n'a plus d'asile, qui a perdu, l'un son modeste manoir à la campagne, sa simple maison à la ville, ses modiques champs, l'héritage de ses pères, l'autre ses superbes hôtels, ses magnifiques châteaux, les immenses domaines qu'une suite d'aïeux lui avait tranmis, l'émigré enfin qui

« Les hommes sont naturellement portés à considérer comme juste tout ce que l'exemple leur offre ; mais ils ne s'arrêtent pas là, ils y ajoutent quelque chose et beaucoup trop de choses du leur. Cicéro *Epis. ad familiares*, *l.* 4, *ep.* Les exemples ne s'arrêtent pas au moment de leur naissance. D'abord reçus en quelque sorte dans un sentier étroit, bientôt ils s'ouvrent une voie large, sans bornes et sans terme, par laquelle ils se répandent au loin ; et dès qu'une fois ils se sont égarés de la justice, ils se précipitent et ne s'arrêtent plus. » Alors personne ne pense qu'il lui soit honteux de faire ce qui a été avantageux à d'autres. *Vell. Paterculus.*

« Le sénat romain avait envoyé le consul L. Postumius à Præneste, pour y arrêter les empiétemens considérables que des particuliers, en reculant les bornes de leurs champs, avaient faits sur les propriétés de l'État. Le consul, dans cette tournée, exigea des habitans des lieux par lesquels il passa, des honneurs qui n'étaient pas d'usage ; il leur imposa des corvées, des prestations de vivres, des fournitures de logement qu'avant lui aucun autre consul n'avait demandées. Le refus que les habitans de cette contrée firent d'accorder ces choses, irrita Postumius ; mais quand même son ressentiment eût été juste, il ne devait pas s'y livrer ; car par leur silence, ou dicté par la modestie, ou imposé par la timidité, ceux de Præneste, en se soumettant à ces nouveaux tributs, à ces exactions, et par *l'exemple qu'ils auraient donné*, auraient à l'avenir établi un droit dont auraient abusé les autres magistrats, et qui chaque jour serait devenu plus onéreux et plus ruineux pour les provinces. *Tite-Live*, l. 42, c. 1. L'imitation du mal surpasse l'exemple

---

ne peut pas « *vivre en paix sous le toit qui couvrit son enfance,* » qui ne pourra même plus espérer d'y reposer sa vieillesse, d'y mourir et de la laisser à ses enfans ! Oh ! qui peut se faire une idée de sa douleur, se peindre ses tourmens !

qui en a été donné; tandis qu'au contraire l'imitation du bien s'affaiblit et est inférieure à son modèle. *Guichardin.* On ne commet un crime que dans la vue des avantages qu'on s'en promet; arrachez au coupable le fruit qu'il en a, et personne ne sera tenté d'être gratuitement criminel. *Salluste.* Ce qu'aujourd'hui nous étayons par des exemples, un jour sera cité parmi les exemples, et deviendra une autorité. *Tacit. Ann.*, l. II. Le crime même malheureux et puni trouve encore des imitateurs; que sera-ce donc s'il obtient des succès et s'il triomphe? *Tacit. Hist.*, l. IV. Quand le zèle reste sans recevoir une juste récompense, bientôt il s'évanouit. *Tacit. Ann.*, l. II. Car lorsque les méchans conserveront le prix de leurs forfaits, qui voudra être homme de bien s'il n'y trouve pas d'avantage. *Salluste.* Le roi Dejotare, cet homme sage savait bien que ce fut toujours une règle du droit, que ce que les tyrans avaient arraché, après la destruction de la tyrannie, était repris par ceux à qui ces propriétés avaient été enlevées. » *Cicéron.*

« Non, le germe des guerres civiles ne sera jamais étouffé, tant que des hommes pervers conserveront le souvenir et l'espérance de ces enchères sanglantes que la *haste* fatale de Sylla éleva parmi nous. D'où il faut conclure qu'avec de semblables amorces, les citoyens seront toujours prêts à s'égorger. *Cicéron.* La *haste* de César, Pères Conscrits, excite l'audace, entretient l'espoir des scélérats et d'une multitude perverse. Ces misérables! ils verront que facilement et tout-à coup ils peuvent passer de l'indigence à l'opulence; aussi, ceux qui convoitent nos biens, qui brûlent de s'en emparer, désirent-t-il toujours de voir brandir encore ce funeste signe. *Le même.* A l'annonce de ces attrayantes, de ces coupables enchères, de ces puissans et sûrs auxiliaires des séditions, « *tous les hommes perdus de dettes et de crimes* » accourent et se pressent autour de la funeste *haste.* « La voix du crieur public, cette voix infernale, retentit effroyablement;

elle appela tous les crimes, excita à la prostitution la plus impudente, au sacrilége, à la profanation, à la spoliation des autels; elle arma les esclaves contre leurs maîtres, les scélérats contre les hommes de bien, et les pauvres contre les riches (1). *Ciceron pour Plancius.* Celui qui a été la victime d'une injustice, en conserve le souvenir, et ne cache ni sa douleur, ni son ressentiment; et quand encore ceux qui auraient été enrichis criminellement des dépouilles enlevées injustement seraient plus nombreux, ils n'en seraient pas plus forts pour cela : alors on ne compte pas le nombre des créatures qu'on s'est faites; mais on pèse les raisons et les plaintes des ennemis qu'on s'est attirés. Ces hommes, que vous aurez enrichis aux dépens de ceux que vous avez ruinés, dissimuleront le bienfait; vos graces seront comptées pour rien ; et en effet, est-il juste que ce champ qui, depuis tant d'années et peut-être depuis tant de siècles, est dans une famille, en soit arraché, et qu'il devienne la proie d'un nouveau venu?... Quoi ? Vous habitez ma maison sans me l'avoir payée! J'aurai

---

(1) C'est aussi ce que nous avons vu, c'est ce que M. Bergasse a remarqué ès jours de la perfidie, au désastreux 20 mars. Ce judicieux et profond observateur a dit : « J'habite aux champs et j'en connais les mœurs..... Or, qu'espérait-on aux champs, lorsqu'il plut à la divine providence de rendre enfin à nos vœux l'auguste Maison qui règne sur la France depuis tant de siècles? Tous n'étaient-ils pas convaincus que le scandale de tant de spoliations, prononcées par la cruauté, accueillies par l'avarice, disparaîtrait sans retour?... Tous n'espéraient-ils pas qu'un ordre si étrange, mais cependant si facile à détruire, touchait à son terme?... Maintenant, interrogez ces hommes : depuis que leur espoir est déçu, ce qu'ils appelaient imprudence, oubli de tous principes, ils l'appellent à présent sagesse, habileté... Vous leur avez appris que ce que d'autres ont fait avec impunité, ils peuvent le faire à leur exemple..... J'ai remarqué chez un grand nombre d'habitans de la campagne, une joie féroce; ils se félicitaient hautement que le bon temps revenait; le temps où ils pouvaient impunément piller, dénoncer et faire des assassinats à leur profit. J'entendais crier autour de moi : A bas les seigneurs! A bas les riches! A bas la calotte.

acheté, bâti, entretenu, embelli, dépensé ; et vous jouirez de mon bien malgré moi. » *Le même.*

Ce principe de justice éternelle, de la justice de tous les temps et de tous les lieux, cette nécessité de reprendre aux spoliateurs et de rendre les biens qui auraient été ravis aux anciens propriétaires, furent reconnus et solennellement proclamés par le sénat romain, lorsque, invoqué par les Lacédémoniens, il envoya à leur secours une armée commandée par Quintius pour protéger ces infortunés contre leur avare et sanguinaire tyran. Parmi les diverses et dures conditions imposées à Nabis, il *lui fut enjoint de rendre aux villes et aux états alliés des Romains les déserteurs et les prisonniers, et en particulier aux Messéniens, tous les objets qui se retrouveraient, et que les propriétaires reconnaîtraient pour leur avoir appartenu; qu'on rendrait à ces exilés, comme a ceux de Lacédémone, leurs biens, leurs enfans ainsi que celles de leurs épouses qui voudraient suivre leurs maris* (1). Il y avait quarante ans que ces Lacédémoniens avaient été bannis et dépouillés. Réduit à la dernière extrémité, la ville, prête à être emportée d'assaut, aussi perfide que cruel, Nabis déclara n'avoir pour loi que la volonté du sénat ; mais par cette feinte soumission, par d'autres ruses, en obtenant une trêve, il ne voulait que gagner du temps et reculer le moment de remplir l'obligation qu'il avait prise. Tandis que par divers moyens il traînait ainsi les choses en longueur, le terme du commandement de Quintius approchait ; et ce général jaloux ne voulut pas laisser à son successeur le soin de terminer la noble et généreuse entreprise qui lui avait été confiée et qu'un autre que lui recueillît toute la gloire d'une guerre que lui-même avait

---

(1) Consultez la leçon de ce passage, proposée par le savant M. Crevier, et la note de ce judicieux critique sur le paragraphe 35 du 34ᵉ livre de Tite-Live.

commencée. Quintius se hâta de faire la paix avec le tyran ; mais ce fut à des conditions bien différentes des intentions du sénat. Bientôt Rome eut lieu de regretter ce traité si contraire à l'humanité, à la générosité qu'il avait annoncée, aux promesses qu'il avait faites aux infortunés qui avaient imploré sa puissance et sa protection.

« La conduite d'Aratus « *cui non dictus hylas* » est trop célèbre et trop connue pour que je la rapporte longuement; je me bornerai donc à rapporter qu'après avoir surpris et tué le tyran de Sicyone, il y rappela six cents bannis qui avaient été les plus riches de la ville; mais les biens et les possessions faisaient une grande difficulté...... Ptolémée, roi d'Égypte, et l'ami d'Aratus, lui prêta des sommes considérables pour lever cet obstacle. De retour à Sicyone avec cet argent, Aratus assembla les quinze principaux citoyens ; ils examinèrent ensemble la situation de ceux qui possédaient et celle de ceux qui avaient été dépouillés. Après une exacte évaluation, il persuada aux uns de recevoir de l'argent et d'abandonner leurs possessions; aux autres, d'accepter un équivalent et de renoncer à leurs droits. Par ce moyen il contenta tout le monde et empêcha que personne ne se plaignît. » *Cicéron.*

Plutarque raconte le même fait, et ajoute : Aratus voyant que les exilés étaient loin d'être satisfaits, et que, tourmentant sans relâche et de toutes les manières ceux qui étaient en possession de leurs terres, l'état était menacé d'une guerre civile (les exilés de Sicyone furent moins patiens, moins modestes, moins résignés que les émigrés) ; il recourut aux bontés de Ptolémée, et reçut de ce roi l'argent nécessaire pour satisfaire tous les partis..... Ce ne fut pas sans beaucoup de peines qu'il calma les plaintes des bannis, termina les réclamations opposées, et qu'il fit renaître dans la ville l'union, la paix et l'amitié. Pour un service aussi signalé, tous ses concitoyens le comblèrent d'honneurs extraordinaires ; et pour leur part les bannis même lui élevèrent une statue de bronze avec une inscription glorieuse pour lui.

Ces ventes étaient si odieuses, ces possessions arrachées aux proscrits étaient frappées d'une telle réprobation, que, pressé par sa conscience, ou cédant à la pudeur, de lui-même et par un mouvement spontané, le consul Lepidus offrit de rendre aux légitimes propriétaires ces biens usurpés. « On me reproche, dit-il, » de posséder les biens des proscrits ; certes, c'est un » crime, oui, le plus grand des crimes de Sylla ; c'est » qu'il n'y ait de sûreté ni pour moi ni pour personne » à être homme de bien, à nous bien conduire. Au » reste, ces biens que la crainte m'a forcé d'acheter » alors, quoique je les aie payés comptant, quoiqu'ils » m'appartiennent de droit, je les restitue à leurs anciens maîtres, et je ne prétends pas souffrir qu'il » reste dans mes mains de la dépouille des citoyens. » *Harangue du consul M. Emilius-Lepidus au peuple romain contre Sylla.*

« Peut-on supposer (disait M. Pitt, dans un débat célèbre de la Chambre des Communes, 3 février 1800, sur les confiscations prononcées par les gouvernemens révolutionnaires en France) qu'il soit indifférent ? que ce soit pour le monde une chose de nulle importance ? N'est-ce donc rien pour l'appât et pour l'exemple, que de voir établir et sanctionner un système qui, par un de ses articles fondamentaux, confirme le transport général des propriétés arrachées violemment des mains des anciens et légitimes possesseurs, et qui présente un des plus terribles exemples d'injustice nationale..... Ce premier et fondamental principe fut et sera encore un jour, d'offrir à l'avarice un irrésistible attrait, d'allécher une rapacité dévorante, insatiable (1) ; de corrom-

---

(1) Le sage Moyse trouva que l'or employé au service des Idoles était trop souillé pour être consacré au culte du vrai Dieu ; mais ce législateur inspiré craignit, s'il abandonnait ces trésors au peuple hébreu, d'éveiller en eux une cupidité dangereuse, qui

pre, d'exciter les pauvres contre les riches, en proposant, et contre tout principe de justice, de faire passer dans de nouvelles mains toutes les propriétés du pays ; de dévouer toute cette propriété à un pillage universel...... Je conviens que la restitution de ces biens usurpés est un objet à la fois très-délicat et qui présente des difficultés, mais je nie que ce soit là un obstacle insurmontable ; car enfin, qui voudra réfléchir au titre précaire de ces terres possédées à titre révolutionnaire, qui considèrera le bas prix auquel elles ont été achetées, ou plutôt données que vendues, pensera peut-être qu'il ne serait pas impossible de faire une compensation à la masse de leurs acquéreurs, en pesant le prix d'achat qu'ils ont payé et la valeur présente qu'elles ont; qui, dis-je, voudra y réfléchir, pensera que les anciens propriétaires pourraient être rétablis dans la possession de leurs anciens et justes droits, en faisant un sacrifice momentané auquel des hommes raisonnables consentiraient volontiers pour arriver à ce but si essentiel. »

Cicéron, M. Pitt, grands orateurs, grands hommes d'état, ayant gouverné dans des temps également terribles, séparés par dix-neuf siècles, parlant à des époques si éloignées l'une de l'autre ; ces hommes immortels dont la prévoyance, l'œil perçant pénètrent à travers l'obscurité des siècles, après avoir consacré leurs travaux et leurs veilles au salut de leur pays, veillent encore par leurs écrits à celui de la postérité. Les lu-

---

pourrait dans la suite avoir de funestes effets. C'est pourquoi, comme l'a justement remarqué un profond théologien anglican, le docteur Osborn, Moyse réduisit en cendres cet or avili, dans la crainte qu'un jour il ne devînt pour ce peuple un appât trop séduisant; et qu'après avoir goûté du Veau-d'or et s'être enrichis des débris de cette fausse divinité, les Hébreux n'eussent l'audace de piller les trésors du Très-Haut, les richesses de son temple et celles destinées à l'entretien des prêtres et des lévites consacrés à son service.

mières de ces hommes incomparables forment, par leur réunion, un foyer éclatant, et sont un fanal au milieu de la plus épouvantable tempête, pour guider ceux qui tiennent le timon des gouvernemens, leur signaler les écueils et leur faire éviter ceux contre lesquels ils iraient se briser.

Que les législateurs se pénètrent donc bien de cette grande, de cette éternelle vérité. « *La justice est l'affermissement des trônes.* » *Proverbes.* Mais qu'ils écoutent ce sage avertissement donné par Bossuet : « La justice rendue à demi n'est qu'une injustice colorée, et elle n'en est que plus dangereuse. C'est en vain que ce magistrat se vante de rendre la justice s'il ne la rend pas en tout et partout. » Tite-Live dit aussi : « Les voies moyennes ne diminuent pas le nombre de vos ennemis, ni n'augmentent pas celui de vos amis. » Que les hommes, l'élite de la France, appelés pour faire son bonheur et l'assurer à jamais, se rappellent aussi que « contre l'injustice et la violence l'action est immortelle « Bossuet. Qu'il y a des lois dans les empires contre lesquelles tout ce qu'on fait est nul de droit, et qu'il y a toujours ouverture à revenir contre, ou dans d'autres occasions ou dans d'autres temps. » *Bossuet.* C'est de ces anciens droits, de ces louables coutumes, de ces lois fondamentales, qu'il est écrit que, « *en les violant on ebranle les fondemens de la terre, après quoi il ne reste plus que la chute des empires.* » *Psaume* 5. C'est alors que « *les nations semblent chanceler comme troublées et prises de vin...... L'esprit de vertige les possède et leur chute est inévitable, parce que les peuples ont violé les lois, changé le droit public et les pactes les plus solennels.* » *Bossuet.* « *Nous l'avons vu, c'est l'état d'un malade inquiet qui ne sait quel mouvement se donner.* » *Isaïe.* « *Gardez les anciennes maximes sur lesquelles la monarchie a été fondée et s'est soutenue.* » *Bossuet.*

« Pour qu'un ministre obtienne la confiance des autres, faut qu'ils soient persuadés qu'il réunit la justice à la prudence. » *Cicéron*. En vain ce ministre se targuerait-il de ses talens, serait-il vanté pour son habileté, qu'il sache cependant que « la justice soutenue de l'intelligence, maîtrise les esprits et captive à son gré la confiance. Elle peut beaucoup sans l'habileté, et l'habileté et les talens ne peuvent rien sans la justice. » *Cicéron.*

« Toute sagesse est de prévoir....., Dans la plupart des affaires, ce n'est pas tant la chose que la conséquence qui est à craindre. Qui n'entend que cela n'entend rien..... Que les particuliers aient des vues courtes, cela peut être supportable ; le prince doit toujours regarder au loin et ne pas se renfermer dans son siècle. Oh! prince! regardez donc la postérité! vous mourrez, mais votre état doit être immortel. » *Bossuet*. Ne penser qu'à soi seul et au moment présent, est une source d'erreur en politique. » *La Bruyère*. « Mettez donc la postérité dans vos intérêts. » *Massillon.*

« Que l'on remarque donc bien que de toutes les causes qui peuvent altérer l'amour des sujets pour leur souverain, et même le leur rendre odieux, la plus puissante est de ravir leurs biens; car lorsque les hommes sont dépouillés des choses qui ont en soi des avantages, ils n'en oublient jamais la perte, les moindres besoins les leur rappellent, et comme chaque jour ces besoins se renouvellent, chaque jour aussi les leur rappelle...... d'autant plus que les hommes oublient plus volontiers le meurtre de leurs pères que la perte de leurs patrimoines. « *Machiavel.*

Ces fidèles sujets, ces zélés serviteurs du Roi, dont je suis le compagnon d'infortune et de loyauté, dans les rangs desquels j'eus, un des premiers, l'honneur de tirer l'épée, que je n'ai remise dans le fourreau qu'à la paix générale, les émigrés attendent avec confiance, et pourtant aussi avec anxiété, la décision des chambres; ils savent que le cœur du père commun des Français souffrirait trop de les condamner, de condamner leurs descendans à une misère sans bornes ; mais, quoique le Roi prononce, les émigrés recevront avec reconnaissance et respect le bienfait royal, et ils béniront le nom du Roi. Si leur espoir et trompé, ils recevront leur fatal arrêt, ils subiront leur infortune comme ils l'ont supportée jusqu'à présent, avec soumission et respect, et ils continueront à bénir le nom du Roi. Nos peines seront silencieuses, le murmure n'entrera point dans nos cœurs, la plainte ne sortira pas de nos bouches. Au reste, tant que la discussion dure, jusqu'à ce que la volonté souveraine ait prononcé, chacun peut et doit proposer ce que, en honnête homme et dans sa conscience, il croit le meilleur ; mais l'invariable devoir d'un sujet, quand « la loi aura été adoptée et décrétée, sera, quoiqu'elle l'afflige et qu'il l'ait désapprouvée auparavant, de la regarder comme juste et utile, et comme telle de la défendre de tout son pouvoir. » *Tite-Live.*

« J'ai cru qu'il serait avantageux de faire des recherches et de les publier ; car peu de personnes, d'elles-mêmes et par leurs propres lumières, savent distinguer le bien du mal, l'utile de ce qui est nuisible. Le grand nombre s'instruit mieux par l'exemple et les actions des autres. »

Hæc conquiri, tradique in rem fuerit ; quia pauci, prudentiâ, honesta ab deterioribus, utilia ab noxiis discernunt; plures aliorum eventis docentur. Tacit. Annal. liv. 4. chap. 33.

APPENDIX.

Année 352. « Tout ce que le tyran, ses officiers ou ses juges ont décidé contre l'ancien droit est anéanti ; les propriétés ravies aux bannis leur seront rendues : entendant seulement que les conventions volontaires, les actes de gré à gré restent en vigueur. *Constantin-le-Grand.*

388. « Tous les jugements contraires aux anciennes

lois et rendus par Maxime, le plus odieux des tyrans, sont cassés, ainsi que les lois et les actes qu'il a publiés. Nous défendons à qui que ce soit de s'en prévaloir. *Valentinien.*

« 413 Pour qu'il ne reste aucunes traces publiques ou particulières des choses faites par le tyran, nous cassons et annulons tout ce qui a été ordonné par lui, ou qui est émané de son autorité. Nous voulons même que l'infâme nom d'Héraclius disparaisse. *Honorius et Théodose.*

« Par les 36ᵉ et 37ᵉ novelles, l'empereur Justinien accorde aux héritiers et aux parents de ceux qui ont été dépouillés par les Vandales, à leurs proches, en ligne directe et collatérale, jusqu'au troisième degré inclusivement, la faculté de réclamer les propriétés qui avaient appartenu à leurs ancêtres.

Art. 6. « Puisque par la miséricorde divine, notre autorité a été pleinement rétablie, nous ne voulons pas que la prescription établie par les anciennes lois ait lieu pour le temps qu'a duré la tyrannie, ni pour celui des guerres qu'elle a causées.

8. « Nous conservons aux Romains les biens meubles et immeubles qu'ils ont possédés lors du règne de Théodoric et jusques à l'usurpation de l'abominable Totila ; nous voulons qu'ils leur soient rendus sans difficulté pour les posséder et en jouir à l'avenir et de la même manière qu'ils en avaient joui par le passé et dans lesdits temps.

« Voulant que tous nos sujets se ressentent de l'heureux rétablissement de notre autorité, nous ordonnons qu'ils rentrent dans les propriétés et les biens qui leur auraient été ravis, et qu'ils participent à la félicité de notre règne.

14. « Que tous nos sujets partagent notre bonheur et la félicité de notre règne, c'est pourquoi nous ordonnons que les propriétés légitimes soient rendues à

ceux qui en ont été dépouillés et qui les réclameront. »

De la sanction pragmatique des empereurs Justinien, Justin et Tibère.

La justice, la nécessité de la restitution des biens usurpés par la révolte et la violence, commandée sans compensation et sans conditions, prescrite par *l'expérience des temps, bien préférable aux expériences des hommes*, adoptée dans tous les siècles et dans tous les états, avait fait jusqu'à présent une portion du droit public de l'Europe. Ces restitutions furent stipulées par le traité de paix conclu à Nimègue, entre Louis XIV et les Etats-Généraux des Provinces-Unies en 1678, par les traités de Riswick en 1697, d'Utrecht en 1713, de Rastadt en 1714, et par le traité de la paix faite entre l'Empereur et le Roi de France en 1736.

Le droit commun de la France, dès les premiers temps de cette admirable monarchie, fut constamment pareil au droit public de l'Europe ; et nous trouvons que, dans ce royaume, et par une règle antique, ces restitutions de biens usurpés, sont établies sans variation. Le traité d'alliance réciproque convenu entre les rois Gontran et Childebert, à Andelot, l'an des N.-S.-J.-C., 587, porte :

» Si, durant les interrègnes (les troubles qui avaient divisé la France), on a enlevé à quelqu'un quoi que ce puisse être, sans qu'il y ait eu de sa faute, il aura le droit de faire sa réclamation en justice, et la restitution en sera faite.

» Chacun jouira paisiblement et en toute sûreté, de ce qu'il a possédé et tenu de la munificence des rois précédens, jusqu'au temps de la mort du seigneur roi Clotaire de glorieuse mémoire.

» Ce qui aura été enlevé aux personnes fidèles leur sera restitué dès à présent.

» Le présent traité et accord a été fait le 4° jour des calendes de décembre, de la 26° année du règne du seigneur Gontran et de la 12ᵉ du règne de Childebert. »

Edit de Clotaire II, article 17 :

« Ce qu'un de nos fidèles et de nos leudes, qui aura gardé la foi à son seigneur légitime, se trouvera avoir perdu pendant l'interrègne (ou pendant les troubles), lui sera restitué en totalité. Nous ordonnons qu'on le remette en possession de tout ce qui lui est légitimement dû, de manière qu'il n'en souffre aucun dommage.

» Donné le 15ᵉ jour des calendes de novembre, dans la 31ᵉ année de notre règne, à Paris. »

Les mêmes dispositions se retrouvent dans un Capitulaire de Charlemagne en 803 ; par les lois de Robert et de Henri I son fils, vers les années 1000, 1022, 1030 ; par l'édit de Poitiers, 1577. Ces exemples de justice et de sagesse furent suivis par Henri IV (1), par Louis XIII en 1620, et par son glorieux successeur, dans ses édits de 1616, 1638, 1702, 1703.

En remontant sur le trône d'Angleterre, Charles ne laissa rien aux injustes détenteurs des biens confisqués sur l'Etat, sur l'Eglise, ou enlevés par les rebelles à ses défenseurs, à ses fidèles sujets. Je ne citerai qu'un seul exemple de ces restitutions des terres usurpées ; et si je le rapporte ici c'est à cause de la singularité qu'il offre.

Le château de Caergwrle dans le pays de Galles et la terre de ce nom appartenaient au colonel Robinson,

---

(1) « Quant à la ligue, il n'en fut plus question que pour la détester. — Les principaux ligueurs de Paris, dont les excès ne méritaient pas de grace, se réfugièrent les uns à Rome, les autres à Bruxelles, ou ils vécurent sans considération, dans des conditions viles, méprisés..... Il est à remarquer que, contre l'ordinaire de ces crises d'état, celle de la ligue n'enrichit et n'illustra personne, on ne trouvera aucune famille qui doive son éclat ou son opulence à nos guerres de religion : plusieurs au contraire datent leur décadence de cette époque; parce que les ancêtres reconnus remuans et brouillons, quoique bons catholiques, ont été insensiblement éloignés des places et forcés de se retirer dans les campagnes, ou leurs descendans oubliés ont long-temps porté la peine du fanatisme de leurs pères. » *Esprit de la ligue*, liv. 8.

c'était un Royaliste ardent et très distingué ; à la mort de Charles 1ᵉʳ, il fut obligé de sortir de l'Angleterre ; lorsqu'il abandonna son château, il était en ruines et dans le plus mauvais état : mais à son retour dans sa patrie, lors du rétablissement de la monarchie, cet officier eut la satisfaction de rentrer dans son habitation rebatie et embellie par les soins de l'usurpateur qui s'en était emparé. Le tombeau du Colonel avec l'épitaphe suivante se voit dans l'église de Gresford :

H : J :
Johannes Robinson
qui
Tribunus Caroli martyris fortunas ejus
(hoc est)
Ecclesiam, monarchiam que sustinebat strenue,
rege cadente
Carolum exulem non deseruit exul
cum reduce redux.
apud Caergwrle
ubi omnia sua a rebelli manu direpta reliquerat
ædificiis ab eadem eleganter constructis gavisus est.

« Lorsque le souverain reprend son autorité et que l'état retourne en sa puissance, il rétablit dans leurs droits les sujets dépouillés, et par conséquent ils recouvrent tous leurs biens, autant que de leur nature ils peuvent être recouvrés. Ils reprennent donc leurs immeubles des mains de ceux qui se sont trop pressés de les acquérir : ils ont fait un marché hasardeux en les achetant de celui qui n'y avait pas un droit absolu ; et s'ils ont fait une perte, ils ont bien voulu s'y exposer. » *Vatel.*

J'ai, dans le cours de cette compilation, et cette petite production ne mérite que ce nom, j'ai, parmi beaucoup d'autorités imposantes, tirées de Cicéron, rapporté deux passages de cet homme d'état, qui présentent un grave avertissement. Le premier, si les confiscations étaient maintenues, comme le furent celles de Sylla, menacerait l'état de ne plus trouver de défenseurs au jour de péril : par l'autre, ce grand homme s'adressant aux jeunes Romains, usant de toute l'autorité, de tout le respect auxquels lui donnaient droit les services signalés qu'il avait rendus à la patrie, les exhorte, leur ordonne même, quand la république sera attaquée de ne pas se laisser épouvanter par les injustices, par l'ingratitude qu'il avait éprouvées, par les persécutions dont il avait été la victime, par le banissement auquel il avait été condamné. Aujourd'hui, ne serait-il pas à redouter aussi, comme le craignait alors le père de la patrie, si jamais l'autorité royale était menacée, la paix publique troublée par d'audacieux et puissans factieux, que les souvenirs des malheurs qui furent le prix du zèle et de la fidélité courageuse, que le spectacle de la misère des descendans des émigrés, n'effrayassent alors les sujets du roi, et ne fissent, au moment du danger et à l'instant d'agir, reculer les hommes loyaux sur les bords de l'abîme, dans lequel, soit que le roi triomphe ou qu'il succombe, ils iraient se précipiter, et, ce qui serait plus affreux encore, y précipiter, y entraîner avec eux leurs enfans et toute leur postérité. Peut-être ces hommes fidèles, en portant la main sur la garde de leur épée, hésiteraient-ils, avant de la tirer pour la défense du souverain et la conservation de la monarchie. Écoutons encore le grand Bossuet, on ne peut trop souvent répéter ses paroles :

» *Toute sagesse est de prévoir.* »

FIN.

www.ingramcontent.com/pod-product-compliance
Lightning Source LLC
Chambersburg PA
CBHW070501080426
42451CB00025B/2999